LE MANUEL PRATIQUE **DU BENTÔ**

Du même auteur

- Hisayuki Takeuchi, Nicolas Bertherat, Elisabeth Paul-Takeuchi, *Nouvelle cuisine japonaise*, Agnès Viénot Éditions, 2003, 2008
- Hisayuki Takeuchi, *Le Yuzu, 10 façons de le préparer*, Éditions de l'Épure, 2004
- *The Cook's Book*, Dorling Kindersley, 2005
- *Comme un chef*, Éditions Larousse, 2006
- (article « Japon »), *Le Grand Larousse Gastronomique*, Éditions Larousse, 2007
- Hisayuki Takeuchi, Patrick Aufauvre, Elisabeth Paul-Takeuchi, *Sushibar*, Éditions Minerva, 2008
- *Leçon de Sushi par Hisayuki Takeuchi*, Les Éditions culinaires, 2008

Direction artistique: madubalu!
Maquette: maqsimum création

Achevé d'imprimer en février 2010
sur les presses de l'imprimerie Grafiche Flaminia (Italie)
pour le compte d'Agnès Viénot Éditions

LE MANUEL PRATIQUE **DU BENTÔ**

Textes Élisabeth Takeuchi | **Recettes** Hissa Takeuchi
Photographies Patrick Aufauvre

Agnès Viénot Éditions
11 rue Jean-de-Beauvais, Paris Ve

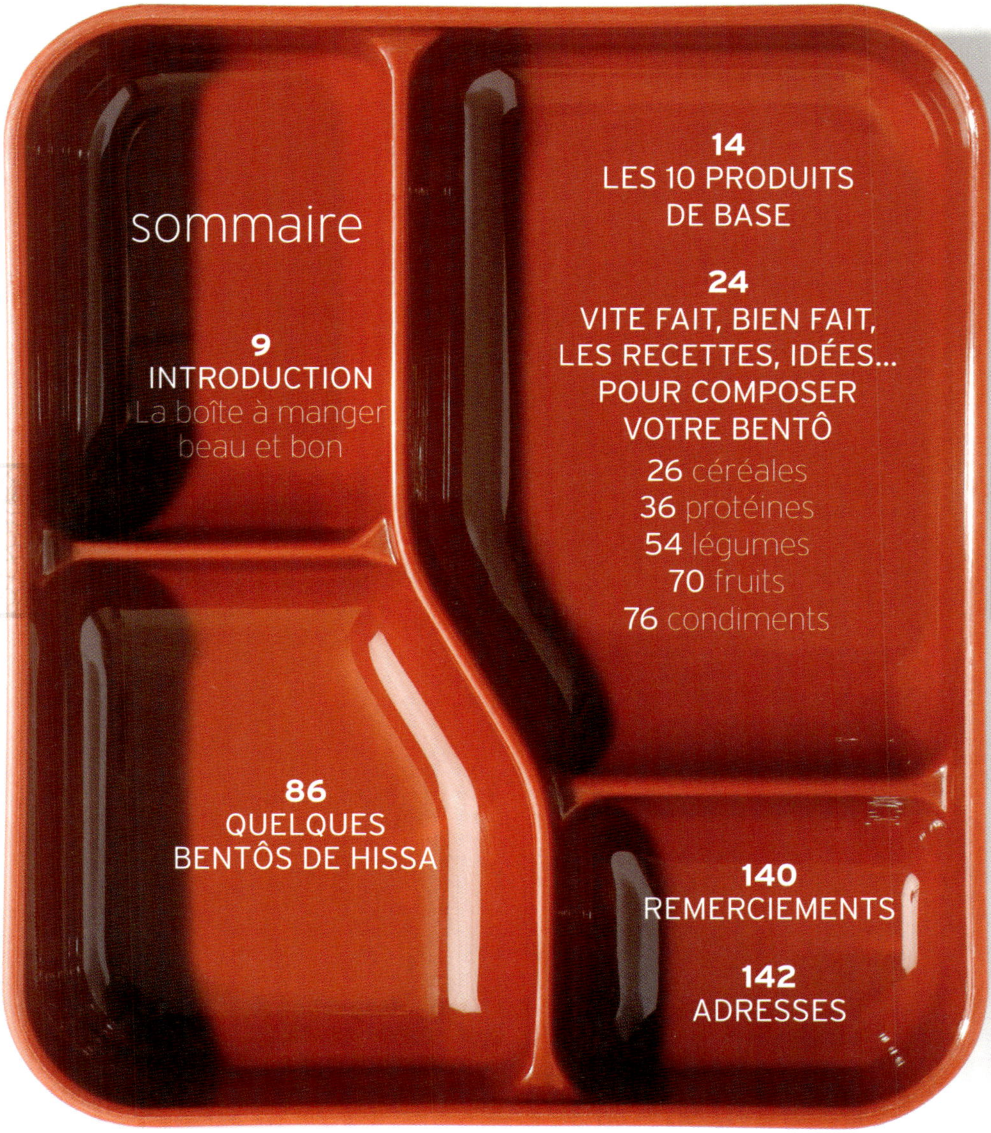

sommaire

LA BOÎTE À MANGER BEAU ET BON

Elisabeth et Hissa Takeuchi,
Paris janvier 2010

En implantant sa Maison Kaiseki, créatrice de goût, dans le quinzième à Paris, Hisayuki Takeuchi a la ferme intention de faire connaître le principe du bentô en France. Chacun sait avec quel succès il produit sur place, jour après jour, de merveilleux plateaux de sushi à emporter pour ses clients fidèles, dans la plus complète liberté. Aujourd'hui, ses bentôs haut de gamme sont livrés à domicile.

Le bentô est un repas nomade japonais. Pratique, sain, ludique, généreux ou minimaliste, le bentô semble devenir le modèle du repas de demain, projeté avec la puissance du macroscope par les milliers de pages internet qui éclairent toutes les façons de manger de par le monde.
Les internautes rivalisent d'ingéniosité et de gourmandise, les accessoires se démocratisent, les photos ou les cours de cuisine sont projetés en temps réel sur la toile avec les réseaux sociaux. Aucun des vecteurs de communication offrant les ouvertures sur une autre conception du pique-nique, du casse-croûte ou de l'alimentation nomade n'est négligé. Aujourd'hui, « cuisine », « food » et « bentô » sont parmi les plus fertiles mots-clés rassemblant le monde entier dans une même communauté de citoyens du monde.

Comme la cuisine se mange aussi et d'abord avec les yeux, on peut la dévorer devant son écran, s'imaginer manger à la table des plus grands restaurants, trouver une maman virtuelle qui donne son tour de main, voir des chefs à l'œuvre en vidéo... les ressources ne manquent pas pour se mettre au travail à son tour.

Mais si, au rayon des réalisations culinaires spectaculaires, le bentô japonais suscite un si vif intérêt et remporte tous les suffrages, c'est qu'il faut le décrypter, parce qu'il comporte en lui-même un code. **Concept uniquement japonais, le repas nomade est un assemblage de mets, ludique et créatif, destiné à transporter un message.** **Quand on mange un bentô, on mange du sens.**

Le bentô n'a pas toujours été ce qu'il est aujourd'hui, l'objet de concours de design culinaire. Autrefois, il était juste la façon la plus pratique de transporter son repas, en général une boule de riz dans une feuille de bambou. De nos jours, mission sacrée de la femme au foyer, c'est une activité manuelle, un passe-temps, pour lequel les fabricants d'accessoires proposent des milliers de boîtes à bentôs différentes, des récipients en plastique pour la sauce de soja en forme de poisson, de gourde ou de mini bouteille, des baguettes pliables, sécables, jetables, des moules à riz, à sushi, à œufs dur, des poinçons à nori, des pliages savants, des tissus de transport de toutes les couleurs. L'ingéniosité japonaise, confinant à l'obsession culinaire, s'est particulièrement acharnée sur le bentô.

C'est vrai aussi qu'on peut acheter des bentôs absolument partout, à n'importe quelle heure, préparés en boutiques spécialisées ***(o-bentô-ya)***, vendus dans les gares ***(eki-ben)***, dans les trains, dans les magasins 7/7 24/24 ***(konbini)***, les supermarchés, les restaurants... C'est le *bentô boom*. Étourdissante, bluffante, que la variété des repas que l'on peut trouver dans ces boîtes. On peut même en commander les différentes composantes à la minute. Ils soulagent les femmes de leur corvée quotidienne mais ne sont plus si économiques si l'on y pense. Et leur message est aussi facile à décoder qu'un QR code : bon appétit, nomades !

Pourtant, dans tous les pays du monde, on sait préparer de baladeuses nourritures à manger pour les pique-niques ou les voyages. En France, n'avons-nous pas les paniers, sandwichs, casse-croûtes et autres gamelles auto-chauffantes ? Les plus courageuses des bosseuses arrivent à remplir de petites boîtes en plastique avec des préparations faites à la va-vite le matin chez elles. **C'est tellement moins cher que d'aller au restaurant, et en ces temps de crise, cela permet de faire des économies en évitant de jeter les restes de nourriture. Le bentô, façon la plus pratique et la plus saine de manger en travaillant. Mais pour la plupart, nous aurions encore besoin de conseils avisés pour récupérer de façon savoureuse quelques restes d'hier ou pour fabriquer vite et bien de bonnes victuailles à emporter.**

Avec Hissa, maître japonais, expert *es* bentôs, nous apprenons à nous organiser. Les produits indispensables et bons pour la santé, prêts à l'emploi, vous sont présentés en première partie. Les techniques de base, à ne pas oublier, vous sont expliquées en deuxième partie...
Et, avant de se lancer, il est toujours bon de rappeler certains principes, que nous décrivons ci-dessous, afin de parvenir au meilleur résultat.
Avec l'esprit de la cuisine japonaise, les résultats risquent d'être bien meilleurs.
Voici les principes du chef.

Les 5 bons principes

1. La motivation

L'intention attentive. Penser avec intensité à la personne destinataire de votre repas froid avant de lui préparer. Est-ce pour vous-même ?
Choisissez les ingrédients qui vous conviennent, respectez, pour les autres, leurs goûts, leurs tabous alimentaires et leur santé.
Composez-leur un message drôle ou tendre ; est-ce pour l'avion ?
Ou pour un break après une réunion d'entreprise ?
Il faut penser : « comment le bentô va être mangé ? »
Évaluez également avec soin les quantités pour éviter les restes.
Un chef japonais travaille toujours en fonction de la personnalité de son client.

2. Le récipient

Choisir le contenant adéquat, en fonction des ingrédients.
(Évidemment, selon la taille et la forme, les préparations vont varier.)
Il y a tant de possibilités, de formes, de boîtes en plastique ou en bois, en matière plus où moins souple ou plus ou moins recyclable et recyclée, qu'il va falloir, si vous ne l'avez pas déjà sous la main, partir à la recherche de la boîte qui vous inspire, voire la créer vous-même, si elle n'existe pas encore. Au Japon, c'est à partir de la particularité de l'assiette que le chef travaille son inspiration.
Privilégiez les boîtes réutilisables.

3. L'approvisionnement

Varier les ingrédients et faites votre marché en fonction des besoins de la semaine ou des 3 jours à venir.

Pour être plaisant, le repas doit être composé d'une grande variété d'ingrédients. L'effet de découverte et de surprise, faut-il le rappeler, provoque et augmente l'appétit de façon significative. Comme le repas est froid, le palais se lasse rapidement des bouchées identiques, au goût uniforme. Cinq petites bouchées sont plus alléchantes qu'une plâtrée de riz ou de semoule. Alors, pensez à disposer dans la boîte des produits différents mais en petite quantité. Achetez des légumes *bio* de préférence. Vous n'aurez pas besoin d'éplucher, vous économiserez temps, saveurs et vitamines. Brossez-les simplement à la brosse végétale.

4. Le recyclage

Récupérez les aliments préparés d'hier et composez avec un produit frais.

Là réside pour nous, cuisiniers et cuisinières, notre sens de l'économie. Rappelez-vous : que reste-t-il dans le réfrigérateur ? Ces reliefs de légumes… ne feraient-ils pas une bonne tempura (beignets) ou de craquantes ***korokké*** (boulettes) ?

Évitez de jeter la moindre nourriture. C'est un principe bouddhiste.

5. Bocaux, macération, fermentation

Ces gestes simples permettent de conserver et de disposer à n'importe quel moment d'ingrédients variés. Maîtriser quelques astuces pour éviter que les ingrédients, en contact les uns avec les autres, ne s'altèrent ou ne se dégradent avant le moment de leur dégustation. Retrouvez les trucs de nos arrière-grand-mères.

Vous l'avez compris, un bentô réussi, c'est tout le contraire de l'improvisation ! Mais une fois que vous avez pensé à tout, laissez parler votre imagination. Écoutez votre génie culinaire : il faut que ce soit bon !

À vous maintenant d'appliquer les règles du succès du bentô à votre propre manière de faire ; Hisayuki Takeuchi présente ici des exemples merveilleusement illustrés par les photos de Patrick Aufauvre. Gageons que faire la cuisine pour les autres ou pour soi restera éternellement une source de joie, de tendresse et de santé.

LES 10 PRODUITS DE BASE

Comme les grands chefs, donnez, vous aussi, une touche exotique inédite à vos préparations de bentôs avec des produits japonais de première qualité qui vous permettront d'obtenir une « cuisine fusion », selon l'expression consacrée. Pour nous, ce serait plutôt de la *nouvelle cuisine japonaise*, car les produits de base sont bel et bien issus de l'Archipel.
Grâce aux alléchantes et nombreuses boutiques de la toile Internet, vous commanderez ces produits, très économiques, qui, même en faible quantité, transforment radicalement vos bonnes préparations en mets d'exception.

TATSUMI
国産丸大豆、小麦使用
杉おけ寒仕込
天然醸造醤油
こいくち

1

La prune ume-boshi

Umé, c'est le nom de la prune japonaise *(Prunus mume)* et ***boshi*** ça veut dire « séché ». Il ne s'agit pourtant pas vraiment d'une prune car l'arbre qui la produit est dit « abricotier japonais ». Ce fruit donc, entre abricot et prune, est plus petit et plus rond que nos espèces en Europe. Il est macéré dans le sel avec des feuilles de ***shiso rouge*** qui le colorent en un rouge foncé caractéristique. C'est astringent et vraiment très salé ! mais c'est une panacée traditionnelle que rien n'est venu encore remplacer au pays du Soleil Levant.

Le ***Shio-zuké*** est le principe de conservation alimentaire dans le sel que l'***ume-boshi*** représente parfaitement. Pour le commun des mortels, manger une seule prune telle quelle est carrément difficile mais Hissa, lui, en dévore plusieurs directement, par pure gourmandise. En fait, les spécialistes de la nutrition confirment que la prune salée ***ume-boshi*** est, par son action purificatrice sur le corps humain, un sacré joker pour notre santé. Une épouse attentionnée, une maman consciencieuse, un jeune sportif surveillant sa condition physique, par exemple, ne manqueront pas de prélever du bocal une à une les ***ume-boshi*** pour agrémenter leurs repas.

Le **bai-niku** : la purée d'***ume-boshi***, ou **bai-niku**, est similaire à la tapenade, et vient se tartiner légèrement sur des légumes ou sur de la viande pour les relever. Chacun l'agrémente à sa convenance en y ajoutant huile, fines herbes, etc.

2

Le miso

Le ***miso*** résulte de la fermentation de la graine de soja avec le champignon ***aspergillus***. C'est non seulement la cheville ouvrière de la célèbre soupe du même nom, mais aussi un condiment à délayer ou à associer avec de la viande froide, du riz, des sauces, ainsi qu'une source savoureuse de protéines. Très facile d'emploi, bien salé, on le mélange ou on le dilue avec d'autres aliments. Cet « alicament familial » existe en rouge, en blanc, ou ici, au yuzu.

3

Les vinaigres

Dans *Nouvelle Cuisine Japonaise*, Hissa présentait les vinaigres européens en remplacement des vinaigres japonais. Mais au Japon existe le vinaigre de riz, le ***su***.

L'***ama-zu*** ou le vinaigre doux, se fabrique ainsi : vinaigre, sucre, sel, sauce de soja. On s'en sert pour les ***su-no-mono***, salades de concombres, de poulpe et de poissons, de feuilles vertes, etc.

Prenez par exemple 3 dl de vinaigre de framboise ou de cidre, 7 cuillers à soupe de sucre roux, 2 cuillers à café de gros sel – mettez cela dans une casserole, portez à ébullition, éteignez, laissez refroidir et versez le tout dans une bouteille, gardez au frais.

Assaisonnement de dernière minute, l'***ama-zu*** rehausse le goût des préparations et conserve les ingrédients pendant le transport.

4

Les sauces de soja

Il est indispensable de disposer d'au moins une des cinq sauces suivantes. Il s'agit du résultat d'une fermentation de graines de soja avec un levain dont dérive une grande variété de produits très populaires. Procurez-vous en pour vos bentôs.

Koi-kuchi, s'il n'en fallait qu'une, ce serait celle-là. C'est la sauce de soja à tout faire, que sans doute tout le monde connaît. Elle permet l'assaisonnement juste avant la dégustation. Il faut en remplir de petites bouteilles en plastique, coupelles à couvercle, petits flacons hermétiquement fermés pour l'emporter sans accident.

Usu-kuchi, sauce plus claire, avec une composante de riz et de saké sucré, qui respecte mieux la couleur des produits assaisonnés mais relève beaucoup plus en sel, en dépit de sa couleur plus légère.

Tamari-jôyu, la sauce de soja la plus épaisse, très forte de goût, fermentée par un levain sans autre composante que le soja uniquement, sert au sashimi ou au tsukudani (poisson mijoté).

Shiro-shôyu : « Blanc presque transparent », c'est une sauce de soja blanche, au goût extrêmement léger, obtenue à partir d'un levain sans aucune trace de soja, mais uniquement avec du blé. Elle sert dans le cas où l'on ne veut pas altérer la couleur des aliments que la sauce de soja doit accompagner.

Enfin, Le ***yuzu-joyu***, ou sauce de soja au yuzu, est un miracle de praticité, de saveur et de parfums ; elle conjugue majoritairement la sauce de soja, la bonite et l'incroyable jus de yuzu, l'agrume star de la cuisine japonaise.

5

La chapelure ou *panko* en japonais

C'est l'élément clé de la fabrication des ***korokké***, les populaires « croquettes » japonaises, mélange de pomme de terre et de viande cuite, roulé en forme de boulettes. Pour les réaliser, il faut de la chapelure, traditionnellement de la mie de pain séchée et broyée, mais chez vous un coup de mixer fera l'affaire. Au Japon, le ***panko*** est un produit industriel (soft ***panko***) fait à base de blé, de soja et d'œuf, qui a évolué jusqu'à inclure d'autres ingrédients comme le riz.

6

Les sauces 100% nippones

La **mayonnaise Kp**, la **sauce Bulldog** sont parmi les plus répandues des accompagnements de bentô au Japon ; vous pourrez en trouver en épiceries, conditionnés en petits sachets pratiques.

Sinon, remplissez vos petits récipients hermétiques avec ces condiments pour accompagner les poissons panés, les croquettes, etc.

7

Le U© de Hissa

C'est une création originale. Il s'agit d'une pâte d'écorce de *yuzu* et de piment mélangé. Fort et parfumé, il ouvre l'appétit et remplace avantageusement les ersatz de wasabi.
Il devrait devenir le prochain ingrédient des plats japonais de qualité.

8

Le saké

Alcool de riz qui, comme le vin français, s'utilise en cuisine.
Il atténue les goûts trop forts et rehaussent ceux qui méritent de l'être.

C'est une fermentation et non le produit d'une distillation, c'est-à-dire qu'il s'apparente en fait plus à la bière qu'au vin rouge s'il fallait faire une comparaison.

Mal connu et moins bien vendu depuis quelques temps, parce que lié à une spiritualité animiste en déclin, le saké profite maintenant d'un regain d'intérêt depuis qu'on s'est aperçu que ce n'était pas seulement la boisson des divinités japonaises.

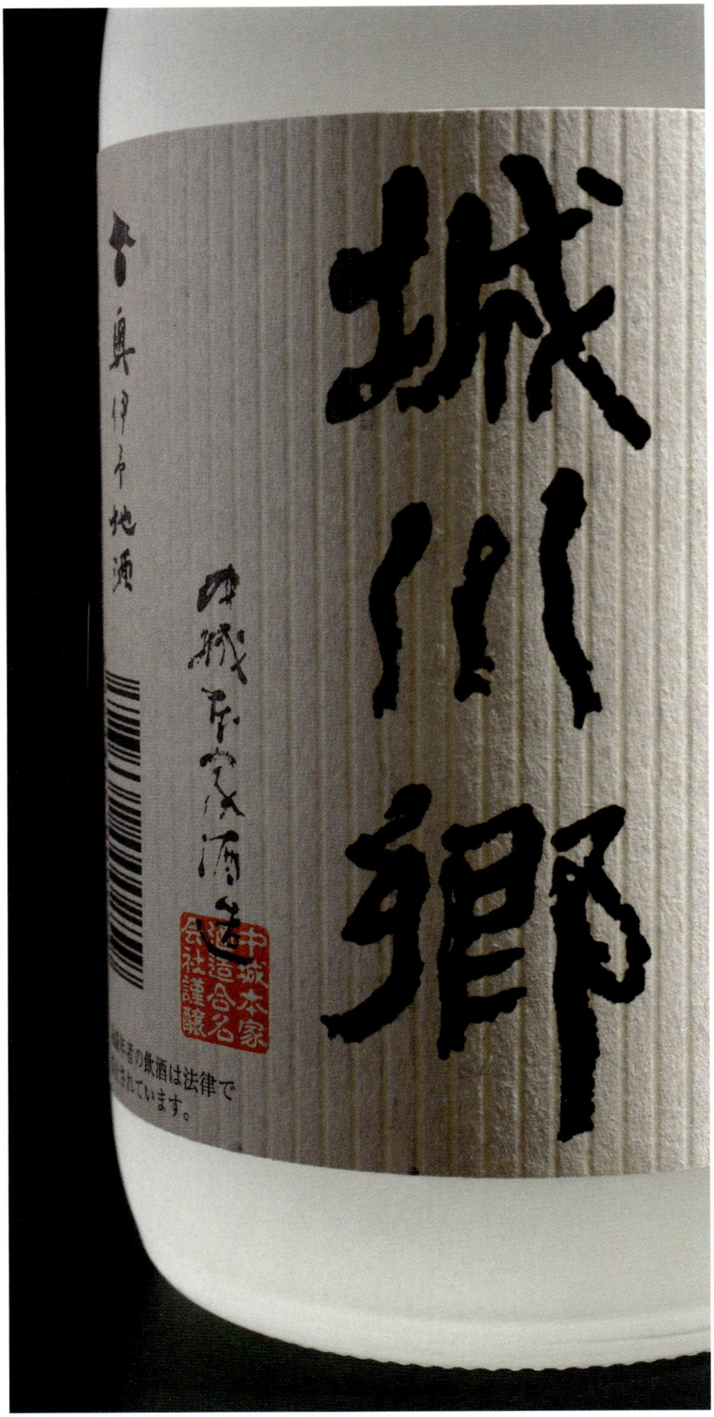

9

Le mirin

C'est un saké sucré, moins fort en alcool que le saké, mais bu en apéritif depuis la nuit des temps. Un palais averti pourra distinguer une dizaine de sorte de **mirin** différents.
Il est utilisé pour des marinades, macérations, mais surtout pour les plats sautés et mijotés, les brochettes de poulet, ragoûts à la minute. Il sert à déglacer, à sucrer, et remplace avantageusement le vin dans son emploi culinaire.
La sauce ***teriyaki*** en est un bon exemple.

Sauce magique *(teriyaki)* : Portez à ébullition du **mirin** dans une casserole puis hors du feu, ajoutez une même quantité de sauce de soja. Cette préparation se garde au frais.

10

Le nuka

C'est le nom de la préparation à base de son de riz, l'écorce de la céréale qui permet la préparation de la plupart des *tsuke-mono* (voir p. 78).
Outre son apport gustatif, il permet la macération de par ses qualités diététiques extraordinaires.
Tous les légumes, très frais de préférence, peuvent devenir *tsuke-mono* : carotte, concombre, céleri, radis japonais, chou chinois, aubergine...
Pourquoi ne pas essayer ?

VITE FAIT, BIEN FAIT
LES RECETTES, IDÉES...
POUR COMPOSER VOTRE BENTÔ

Voici, en cinq grandes familles de produits (céréales, protéines, légumes, fruits et condiments) de petites recettes toutes faciles, toutes pratiques, pour vous donner envie d'emporter votre repas froid avec vous en déplacement. Tous ces tours de mains sont à faire à la maison, et parfois ne consistent qu'à associer les ingrédients entre eux à la façon de la *nouvelle cuisine japonaise*.

LES CÉRÉALES

Composées de glucides, protéines, phosphore, vitamine B1 et fibres alimentaires

1

Le riz blanc nature

En Asie, c'est la composante essentielle d'un repas froid à emporter. Il n'est quasiment jamais mangé seul, toujours accompagné de légumes en saumure ou d'accompagnements divers, les *o-kazu*.

L'art de le faire cuire est un tour de main indispensable. Oubliez les méthodes instaurées par des marchands de riz en sachet. Voici les deux types de cuisson possibles, selon qu'on ait une machine à riz (*rice cooker*, rizeuse, etc.) ou bien une simple casserole. Prenons un riz rond standard, ou mieux, de type *japonica*.

Selon la quantité de riz que vous voulez cuire, comptez dix pour cent d'eau de cuisson supplémentaire. Par exemple, pour un litre de riz, ajoutez 1,1 litre d'eau de cuisson. Il est toujours préférable de le laisser tremper minimum une demi-heure avant de démarrer le rice-cooker. Le laisser toute une nuit est encore plus profitable à un résultat moelleux.

Une fois cuit, transvasez le riz dans un grand bol pour le laisser refroidir, mélangez-le légèrement à la cuiller en bois pour que les grains ne collent pas entre eux. Voici la première étape avant de modeler des formes de *o-nigiri* ou de *o-musubi* (triangle, voir page suivante) avec des doigts bien humectés.

Variante à la casserole sur gazinière.
Versez une mesure de riz dans une casserole, un verre rempli de riz pour une personne, par exemple ; remplissez le même verre avec de l'eau, versez-le sur le riz, mais pour chaque personne, ajoutez un quart de verre d'eau supplémentaire. L'eau doit le recouvrir d'au moins un centimètre et demi. Portez à ébullition à feu vif puis couvrez en terminant la cuisson à feu réduit au minimum pendant 25 minutes. Le riz aura absorbé l'humidité en une texture parfaite.

Le *go-moku* de Hissa
C'est un riz mélangé à cinq éléments, si possible de cinq couleurs différentes. Il a choisi le maïs, le tofu frit, les *hijiki*, la *wakamé*, la carotte. Il faut d'abord blanchir tous les ingrédients séparément. Associez la carotte coupée en dés et le tofu coupé en julienne au riz cru avant de commencer la cuisson du mélange.

Trempez l'algue *wakamé* pour la réhydrater, quant au *hijiki*, après trempage, faites-en revenir une poignée dans de l'huile ou du beurre. Ajoutez de la sauce magique (voir

go-moku ▷

O-musubi (triangle)

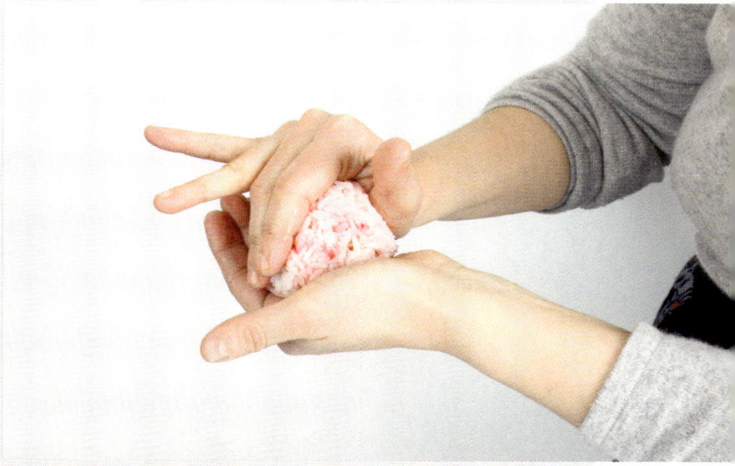

produits de base, p. 23). Dès que le riz est prêt, ajoutez directement dans son bol, le maïs, les algues *hijiki* et *wakamé*, mélangez bien et transvasez pour faire refroidir. Le *gomoku* le plus courant utilise également le lotus, le salsifis et les graines de soja.

Du riz coloré
Si vous voulez vraiment faire ressortir la couleur des ingrédients, pour faire par exemple un fond très coloré de *kara-ben*, voici comment colorer votre riz.

Après la cuisson du riz, quand il est encore chaud, ajoutez directement de la poudre de thé vert maccha, de l'algue *ao-nori* ou de la laitue de mer en poudre... selon le goût.

Pour obtenir du riz rouge, utilisez le jus de la betterave crue râpée. Si vous avez du mal à râper la betterave, trempez-la légèrement dans un petit bac vinaigré. Le jaune s'obtient avec du safran et du curcuma, trempés dans un petit verre de vin blanc, puis mélangés au riz tiède.

Avec un peu de pratique, on arrive facilement à modeler ce triangle en compactant du riz blanc au creux des paumes de la main... il suffit de se mouiller les mains et d'enlever l'excédent d'humidité pour que les grains se collent entre eux et pas sur les doigts (voir pages suivantes).

Modelage de tonnelet gourmand
Cette élégante forme de petit tonneau est traditionnelle dans les bentô *maku no uchi*. Elle s'obtient très facilement avec un moule en plastique.

Pensez encore au *sushi*, au *maki-sushi*, aux *oshi-sushi* et autres constructions de riz à préparer pour un bentô.

2

Le blé

Avec sa farine, confectionnez de fines galettes avec une pâte à crêpe préparée la veille. Coupez des bandes rectangulaires pour les rouler façon cigarettes. Ou servez-vous-en pour enveloppez l'ingrédient de votre choix comme un petit sac surprise.

Le taboulé à la menthe fraîche.
Prévoyez une petite cuiller plutôt que des baguettes quand on veut l'emporter en voyage et le manger dans le train par exemple. Avec une semoule de blé dur moyenne légèrement réhydratée, ajoutez de petits morceaux de tomates rouges, jaunes et/ou noires ; un petit morceau de poivron rouge, orange ou vert, blanchi ou cru, coupé en dé et ciselez enfin de la menthe.

Les *udon* sont des variétés de nouilles à base de farine de blé. Elles servent aussi, quoique plus rarement, de repas froids.

3

Le sarrasin *(soba)*

Le très populaire sarrasin a la particularité de ne pas contenir de gluten ; dans de l'eau bouillante, on peut jeter une poignée de pâtes *soba* et une poignée de pâtes *somen*, et les cuire ensemble « al dente », en les mélangeant du bout des baguettes.

4

Le maïs

Ouvrir une boîte de ces graines craquantes et légèrement farineuses apporte instantanément des glucides jaune vif en quantité... pour accompagner une bonne laitue, quelques tranches de betterave avec du concombre, un peu de foie de morue, un soupçon d'échalote hachée.

ば
organ
cha
so
authentic Jap
green tea no
serving su
SERVES

Il est courant d'emballer le *o-musubi* dans une feuille d'algue *nori*. Il existe d'ailleurs un système ingénieux, un pliage savant, qui permet de bien réussir l'opération.

En assaisonnement, le *musubi* est très souvent roulé dans de la poudre de feuille de *shiso* rouge, le *furikaké yukari*. Cette poudre rouge vendue en petit sachet apporte une acidité bénéfique à la santé, c'est sans doute pourquoi elle est devenue très populaire auprès des mamans japonaises. Pour vous, préparez avec soin le *furikaké* qui vous convient.

LES PROTÉINES

Les viandes, les poissons, les fromages et autres...

1

Les viandes (protéines, lipides, vitamines A, B1 & acides gras)

Rappelez-vous… Jadis, on emportait sur les vaisseaux au long cours des viandes séchées de toutes sortes ; vous aussi, pensez-y en cas de pique-nique. Longe de porc noir, tranches de *pata negra*, viande des Grisons… les bonnes traditions ne se perdront jamais. Il faut bien sûr les trancher très finement avant de les disposer dans la boîte et être sûr de les consommer rapidement.

tonkatsu

tonkatsu

Le porc pané, le fameux *tonkatsu*

Demandez au boucher des tranches de côtes de porc de 5 millimètres d'épaisseur, de préférence sans os ; assaisonnez-les, farinez-les, puis trempez chaque face de la tranche dans un œuf battu, et enfin dans votre chapelure maison ou dans du *panko* (cf. produits de base, p. 19). Plongez-les dans de l'huile portée à 180 °C jusqu'à obtenir une belle couleur dorée.

Le rumsteak pour les *katsu-sando* se cuisent de la même façon (voir page 109).

Je me souviens : « Quand on a un petit creux, rien ne vaut une bonne tranche de porc froid. » Cette petite phrase, slogan publicitaire des années 70, était répétée sur l'image d'un jeune adulte hirsute ouvrant son réfrigérateur de plus en plus vite. Elle me faisait rire, mais l'idée était juste.

Une tranche de rôti de porc cuit au four et servi la veille avec ses petits légumes, coupée fin pour être facile à manger et présentée le lendemain dans le bentô est aussi vraie bonne idée pour un repas froid à la française. Les dernières tranches

tonkatsu ▷

Korokké (croquette)

viendront tout naturellement garnir le bentô du lendemain, accompagnant du riz, des lentilles, et d'autres *o-kazu*.

Du poulet rôti ou mieux, du poulet frit *kara-age*

Préparé avec des cuisses de poulet coupées en deux, d'abord dans la longueur puis en quatre dans la partie la plus dodue, avec un bon couteau.

Dans un bol, râpez une gousse d'ail, salez, poivrez, cassez-y un œuf et versez-y encore une cuiller à soupe de sauce de soja. Mélangez quatre cuillers à soupe de fécule de maïzena, et plongez dans une huile à friture portée à 180 °C. N'oubliez pas, en préparant du *kara-age*, quelques quartiers de citron pour assaisonner plus tard les morceaux de poulet frit. Variante : le *tatsuta-age* n'utilise que de la fécule.

Canard

Faites rôtir un magret de canard à l'ancienne, c'est-à-dire laissez-le au froid après cuisson, tranchez-le en aiguillettes et accompagnez-le de germes de *mungo* et d'un quartier d'orange.

Charcuterie

Deux rondelles de chorizo, de saucisson ou de salami ; du jambon de Paris (roulé en petits rouleaux, il est plus facilement mangeable qu'en grande tranche). Un quart de tranche semble bien suffisant, on en placera deux pour quelqu'un qui aime vraiment cela et qui, comme Hissa, croquera un ou deux grains de raisin avec. N'oubliez pas, les tartines de pâté en terrine sont évidemment bien venues, mais on vous conseille de les préparer « menues menues ».

La saucisse *tako soseji*

Le problème avec cet indémodable composant du bentô, même si les tout petits nippons en sont très friands, c'est que la saucisse est souvent bien synthétique. Si vous en trouvez une bio, voici comment vous amuser un peu : coupez-la en deux, puis fendez-en une moitié en quatre. Faites-la revenir tout doucement dans une poêle légèrement huilée et faites-la tenir sur sa base pour lui donner figure de poulpe. Le poulpe n'est certes pas chez nous un objet de culte comme au Japon. Bien réussi, le look de cette saucisse, avec deux petits grains de sésame pour figurer les yeux, devrait néanmoins remporter un franc succès autour de vous.

Des croquettes *(korokké)* ou l'art d'accommoder les restes.

Cette recette économique et très appréciée des enfants se réalise avec des pommes de terre et souvent, en leur incorporant des petits restes d'hier, telle une demi-tranche de jambon ou de petits morceaux de viande hachée. il faut un peu de temps pour les préparer, alors n'y pensez pas si vous vous êtes levée en retard pour aller au travail. En revanche, pour un déjeuner sur l'herbe avec les enfants au parc, voici comment faire :

Avec des pommes de terre cuites et épluchées, écrasées à la fourchette, puis assaisonnées de sel et de poivre, éventuellement de muscade et d'une larme de sauce de soja, formez de jolies boulettes bien rondes entre vos mains. Ensuite, roulez-les dans la farine, trempez-les dans un œuf bien battu, et finalement dans du *panko* ou de la chapelure. Plongez-les dans une huile portée à 180 °C. Sortez-les bien dorées et égouttez-les sur du papier absorbant.

kara-age ▷

2

Les poissons (protéines, lipides, calcium, vitamine D, vitamine E)

En règle générale, pour éviter les intoxications, les poissons ne sont pas emportés crus dans les bentôs, car leur chair s'oxyde et s'abîme réellement vite.

Le saumon grillé *(shaké no shio-yaki)*

Dans un filet de saumon avec sa peau, coupez des tranches de 2 cm d'épaisseur, recouvrez-les de gros sel et laissez-les 30 minutes avant de faire griller au four ou à la salamandre. Le saumon pané se prépare comme un porc pané, avec de la chapelure ou du panko. Les poissons blancs sont très bons en panés et se mangent bien froids.

Sardine ou maquereau grillé

Préchauffez votre four entre 180 et 200 °C. Avec un bon couteau, coupez la tête, ouvrez et ôtez les intestins, nettoyez sous l'eau ; levez trois filets et salez-les au gros sel. Faites-les griller de 8 à 10 minutes. Il existe dans le commerce de petits grills à poisson très pratiques, faciles à mettre en œuvre dès le matin. C'est un mets de choix au petit déjeuner japonais. Sardines et maquereaux se préparent de la même façon.

La sardine, le thon, le foie de morue en boîte

Généralement, l'huile conserve et il vaut mieux en réserver le surplus pour transporter ces préparations. Égouttez la sardine, ajoutez-la par exemple à une salade assaisonnée d'ail et d'échalotes hachées.

Les œufs de saumon

Salés, en petite quantité, ils peuvent être ajoutés à une salade ou un *chirashi*. Quant aux autres œufs de poisson, œufs de lompe ou œufs de cabillaud *(mentai-ko)*, comme ils sont traités aux produits chimiques, on ne vous les conseille pas mais ils sont évidemment pratiques.

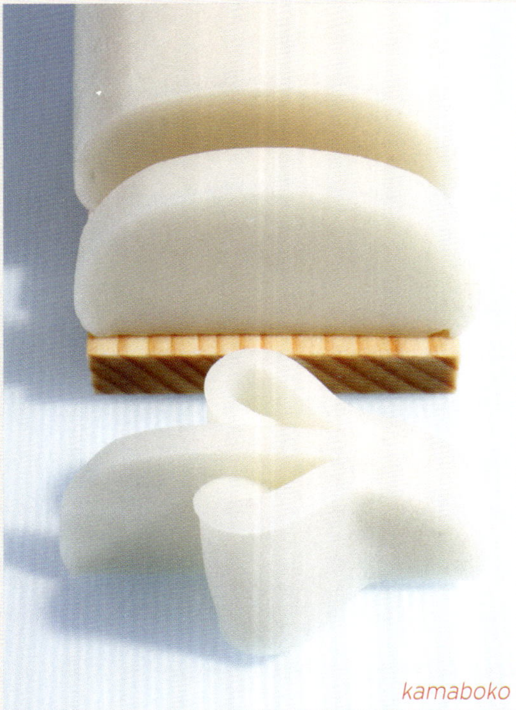

kamaboko

3

Les autres sources de protéines

Le tôfu frais n'est pas conseillé car très périssable, en revanche les Japonais raffolent de l'*inari*. Tentez, vous aussi, la poche de tôfu frit. Elle est déjà prête à l'emploi, il suffit de la plonger dans de l'eau bouillante, attendez simplement qu'elle soit devenue tiède avant de la remplir de riz blanc ou de légumes. On peut aussi les badigeonner de sauce sucrée. Refermez-la aisément en prenant soin de ne pas trop la remplir et pincez-en les bords pour qu'elles ne se vident pas au transport.

Kamaboko

La vedette des *surimi* de bentô *maku no uchi*. La plupart du temps, à base de chair de requin. En France, son prix est assez élevé mais au Japon, c'est un produit bon marché. Assaisonné de *wasabi*, il accompagne le saké à l'apéritif. On l'accommode aussi en tempura. Ses deux couleurs, blanc et rouge, sont synonymes de fête.

Tarama

En toute petite boîte, le tarama est délicieux pour tremper des bâtonnets de légumes crus à la mode des cocktails d'aujourd'hui. Prévoir un quartier de citron pour acidifier selon votre goût.

Les *takoyaki* (poulpe grillé)

La petite bouchée de farine, œuf, eau, igname est une spécialité de fête foraine à Osaka. Achetez-les surgelés, réchauffez-les et mangez-les une fois refroidis.

inari

Le yaourt, le fromage blanc, ou la faisselle s'accommodent, pour bien les conserver, de fines herbes ciselées et assaisonnées. Les spécialités au lait de brebis ou de chèvre sont aussi intéressantes. Il faut penser à la petite cuiller pour manger ces produits en nomade s'ils sont trop liquides.

kamaboko ▷

紀文
蒲
みずみずしく
しなやかな口あ
保存料は使用して

KIBUN
２０個入り
温めて
お召しあがり下さい。
レンジで
4分
MICROWAVEABLE
たこ焼
TA KO YA KI
(Baked Wheat Ball with Octopus)
Preparation (please keep frozen until ready to use)
MICROWAVE: Cook on high 4 min. (10 pieces)
お皿に移し、冷凍のまま電子レンジで４分間（１０コの場合）温めてお召しあがり下さい。
INGREDIENTS: WATER, WHEAT FLOUR, OCTOPUS, CABBAGE, GINGER, SUGAR, EGG, FISH POWDER (BONITO), MONOSODIUM GLUTAMATE [FLAVOUR ENHANCER (E621)], SALT, SOY SAUCE (SOYBEAN, WATER, WHEAT FLOUR, SALT), SODIUM CARBONATE [RAISING AGENT (E500)],SODIUM ERYTHORBATE [ANTIOXIDANT(E316)].
ALLERGEN CONTAINS : EGG PRODUCT, SOY PRODUCT, WHEAT PRODUCT.
MANUFACTURED BY KIBUN (THAILAND) CO., LTD.
SAMUTSAKORN THAILAND 74000
PRODUCT OF THAILAND
KEEP FROZEN
NET WT. 14.10oz. (400g)
0 31977 54009 1

ta ko ya ki ▷

Cottage cheese, mozzarella... en petite quantité, accompagnent tantôt les tomates, tantôt les carottes, et tant d'autres légumes également. Les fromages à pâte dure, les cantal, gruyère, camembert, seront plutôt à prévoir en petites portions.

4

Les œufs (protéines, lipides, fer, vitamine A, vitamine B2)

Œufs durs

Inutile de présenter ce mini-repas complet, facile à transporter sans dommage. Il se coupe en deux ovales, en tranches moyennes, peut s'effriter en miettes d'or... c'est si facile à préparer. Plongez un ou plusieurs œufs dans de l'eau froide, portez à ébullition puis baissez le feu, laissez cuire 10 à 15 minutes. Sur l'œuf dur écalé, pratiquez, avec le couteau, deux entailles de façon à dessiner une bouche. Collez deux petits ronds de nori sur le haut de l'ovale pour obtenir un drôle de bonhomme.
Dans les accessoires de cuisine, on trouve, des moules en plastique en forme de cœur, de lapin, de fleur et j'en passe.
On pense moins souvent aux œufs de caille et pourtant, ils ont aussi leurs avantages : ils cuisent plus vite, ils sont mieux acceptés par les enfants que les gros.

De l'omelette

Comme les croquettes, l'omelette demande un minimum de temps de préparation et un sérieux coup de main si tant est qu'on veuille obtenir un pavé bien régulier à couper façon *sashimi*. Une poêle spéciale serait carrément indispensable, et il faut procéder par couches fines successives que l'on replie patiemment en les enroulant. Au final, serrée dans une natte en bambou, l'omelette peut aussi s'emporter telle quelle et se débiter au moment du repas selon le nombre de convives.

Mais si décidément, l'omelette est trop difficile ou trop longue à préparer, faites-en juste une couche fine dans le fond de la poêle, placez des épinards ou des fibres végétales tranchées à la bonne longueur, soulevez la feuille d'omelette et enroulez les légumes dedans. C'est une pratique très répandue.

Onsen tamago, ou l'œuf dont le jaune et le blanc sont cuits à une température médiane. Pour faire simple, essayez la technique de Hissa. Remplissez d'eau une casserole, portez à ébullition. Disposez un bol assez épais dans cette casserole en le remplissant de l'eau chaude qu'elle contient pour le chauffer puis retirer le bol vide. Dans son fond, disposez trois œufs. Couvrez les œufs avec l'eau très chaude de la casserole, posez un couvercle sur le bol et laissez cuire les œufs ainsi entre 30 et 45 minutes. Retirez les œufs et laissez-les enfin refroidir au réfrigérateur. Il existe d'autres façons de faire, mais celle-ci est mieux adaptée au bentô.

Onsen tamago ▷

LES LÉGUMES

Ils sont à la mode depuis toujours : essayez également leur version miniature, ils sont, en mode mini, d'un chic incroyable tout en conservant leurs couleurs et tout leur peps vitaminé. Encore plus petits, à l'état de germes ou carrément de graines, ils ont un potentiel nutritif considérable.

1

Les grains, les graines et les germes de légume (protéines, lipides, glucides, vitamines B1, fibres alimentaires)

Très riches en nutriments, les graines sont les « bébés » des herbacées et de certains légumes. Il en existe des mélanges tout faits qui distinguent bien les mucilages des autres car il y a deux types de germination.
Il est donc intéressant d'avoir deux sortes de germoir.

Avant toute chose, faites tremper une nuit vos graines dans de l'eau de source. Elles perdent ainsi leurs résistances naturelles et se préparent à germer. Le lendemain, pour les rincer, récupérez l'eau de trempage et offrez-la à la terre de vos fleurs de balcon pour ne rien gaspiller.
Placez le germoir dans un endroit assez sombre de la cuisine en évitant la lumière directe. La graine d'alfafa est la plus simple à faire germer, le lin est très riche en oméga 3, le fenugrec redonne de l'appétit ...
On gagne vraiment à les connaître.

Les pois chiche, cuits, on les ajoute au taboulé, par exemple, encore plus simple, on peut les faire germer. Dans les deux cas, c'est assez long, il faut donc les préparer bien à l'avance.

Les *eda-mame*
Les graines de haricot mungo sortent le plus souvent du congélateur, car c'est un produit surgelé en Asie. On fait blanchir les *mame*, juste ébouillantés puis retirés, salés avec du gros sel. Ils sont de toutes les sorties, composés avec du riz blanc ou du riz complet, ou encore du riz mélangé. Ils se mangent avec les doigts, c'est l'amuse bouche de tous les voyages.

eda-mame

Des lentilles
La préparation des lentilles varie selon l'espèce (verte, presque noire, orange ou blonde). Lorsqu'on les mange froides avec une vinaigrette, elles sont rafraîchissantes. Cuites dans une eau parfumée d'un bouquet garni et d'un oignon piqué de clous de girofle, et quelques rondelles de carottes, elles conservent les parfums. Ni trop croquantes, ni trop molles,

juste assez douces à mâcher pour être bien digérées. Vinaigrette ou mayonnaise les accompagnent bien en salade.

Des concombres
La meilleure préparation est un concombre coupé en médaillons, tel quel, bien égoutté. Il sert ensuite directement au bentô, après avoir mariné un peu dans du vinaigre *ama-zu* (voir page produits de base, p. 17).

Les cornichons, les petits concombres, les oignons blancs vinaigrés, achetés tout prêts ou à faire à soi-même en bocaux avec du vinaigre et de l'aneth.

Du céleri branche en petits cubes
Bio évidemment, blanchi, coupé en petites rondelles, avec les feuilles selon votre humeur. Faites macérer quelques minutes dans de la sauce de *soja-yuzu*. Ou bien, associez le goût du *miso* au *yuzu*.

L'aubergine
La façon la plus classique d'en emporter en bentô, c'est de la griller *(yaki-nasu)*. Piquer sa peau une dizaine de trous, mettez l'aubergine au four, vérifiez qu'elle soit bien ramollie et retirez-la : elle est cuite. Froide, elle doit être pelée et coupée grossièrement puis placée dans la boîte avec un peu de gingembre râpé.

Les asperges
Bien blanchies mais toujours croquantes, salées à point, blanches ou vertes, elles viendront à deux ou trois têtes égayer le bentô.

Le cœur d'artichaut
Préparez l'artichaut comme d'habitude, remplissez une grande casserole d'eau, avec une giclée de vinaigre, et des agrumes en rondelles, pour leur acidité, portez à ébullition sans couvrir d'un couvercle. Le mieux est d'utiliser le *otoshi-buta*, c'est-à-dire un couvercle plus petit que le diamètre de la casserole, juste posé sur les artichauts. Faites-les cuire 30 bonnes minutes et laissez refroidir tels quels. Comme ils se conserve bien, préparez les feuilles un jour, habillez le cœur de l'artichaut le lendemain avec de l'huile d'olive et une rondelle de citron. Dans la boîte, on le coupe en dés, ou en demi-lunes.

Les feuilles de salade (de laitue, romaine, batavia) sont une très bonne idée.
Bien lavées, posées comme des assiettes, ou en servant à séparer les ingrédients entre eux, elles sont rafraîchissantes. On peut aussi les couper en tout petits morceaux, avec une vinaigrette ou non.

Les endives
Bien lavées, coupées en rondelles de 1 centimètre d'épaisseur. Mélangez dans un bol avec du vinaigre de cidre, ajoutez des noix et de l'huile d'olive, laissez macérer et utilisez le lendemain dans le bentô.

Les oignons
Ingrédient indispensable en composante de croquettes, mais aussi en salade ou en rondelles séparatrices à vertu antibactérienne.

Des épinards froids
Lavez les épinards. Faites-les juste blanchir, égouttez, puis plongez-les dans de l'eau avec quelques glaçons. Essorez-les. Vous pourrez les couper en bouquet de 10 centimètres de long et les rouler dans de l'omelette.

Les haricots verts
Équeutés, lavés, blanchis quelques minutes, ils accompagnent les restes d'hier avec une petite mayonnaise, ou tels quels, en compagnie de tomates, de jambon...

Les blettes
Blanchies, coupées en deux par quatre centimètres pour profiter des fibres.

À propos de tomates
Il est excellent d'en avoir sous la main de toutes les couleurs, de toutes les formes aussi, avec le maximum de goût bien sûr. Les tomates noires ou vertes ne sont surtout pas à négliger.

2

Racines et bulbes : rustiques, consistants, ces légumes sont résistants à la contamination bactérienne (protéines, glucides, potassium, vitamine C, fibres alimentaires).

Des pommes de terre
Dans une casserole d'eau, faire cuire les pommes de terre plus ou moins 20 minutes selon leur taille. On en fait un peu plus et le lendemain on peut les récupérer pour les faire frire. La patate douce se transporte frite ou à la vapeur.

Le fenouil
C'est un très beau légume qui peut se manger comme un céleri branche, à toutes les sauces.

La betterave
Si facile à trouver déjà cuite en petit paquet économique, qu'il ne reste qu'à la couper en quelques cubes pour profiter de son énergie concentrée. Les cubes, enrobés d'huile végétale de qualité et de quelques graines

de sésame, avec un peu d'ail frais coupé si on aime, sont aussi rafraîchissants.

Mention spéciale pour une nouvelle venue, la racine de *konjac* (*amorphophallus konjaku*, fleur appelée « langue du diable » en Indonésie. Avec la farine de sa racine séchée, on obtient une matière consistante d'aspect gélatineux, au goût peu intéressant, mais très roborative. Constituée de fibre alimentaires à 100% et sans aucune calorie, elle s'achète sous diverses préparations que l'on coupe généralement en tranches de sashimi et qu'on arrose de sauce de soja au *yuzu*.

Le radis rouge ou radis blanc, en col vert ou en viande rouge *(redmeat)*. Facile, pratique, goûteux, joli, amusant, c'est une vedette du bentô si l'on sait le préparer : coupé en rondelles, en étoile, en feuille de ginko, demi-lune, en bâtonnets, en carré...

Les excellents daikon ou navet japonais sont extrêmement rares en France mais on en trouve du fermenté, le jaune vif *takuan*, car c'est un must du bentô (voir les condiments *tsuke-mono*)

Les navets
Tranchés avec la mandoline japonaise, légèrement salés, trempés dans l'*amazu*, ou dans la vapeur, gardés tels quel et embarqués dès le lendemain dans le bentô.

Le panais
Rôti au four pendant 15 minutes à 210 °C, il se conserve au réfrigérateur, et il est facile d'en trancher une ou deux sections pour le déjeuner.

Des carottes crues râpées
Assaisonnées de sel et de poivre et accolées d'une rondelle d'agrume, citron ou orange, mais pas en jus. Carottes en rondelles fines, ou cuites, à la vapeur, sautées. À la vapeur, c'est la meilleure recette, sinon coupez, hachez la carotte crue et faites-la cuire avec le riz par exemple.

Le gingembre, rhizome boursouflé, se mange au moins de trois façons : frais, mariné ou mijoté. Frais, hachez-le comme on le ferait d'un ail cru. C'est antibactérien et légèrement astringent. En marinade, coupez-le en julienne, faites-le blanchir, recouvrez-le de vinaigre *ama-zu* et ajoutez un peu de sucre, un peu de sel, conservez

dans un petit bocal en verre. C'est comme ça qu'on le prépare pour le bentô.
Vous pourrez le colorer à volonté avec de la betterave, de la fraise ou de la poire.

La racine de lotus

Bien qu'elle n'ait pas un goût très prononcé, elle est réellement belle à voir.
Ses sections élégantes décorent avec constance les repas froids de nos amis nippons. Pour la rehausser, coupez-la en rondelles, faites-la blanchir dans de l'eau bouillante ; égouttez les rondelles et trempez-les bien dans du vinaigre *ama-zu*. Elles se gardent facilement 1 semaine.

Le salsifis, la bardane ne sont pas les légumes oubliés des bentôs japonais. Lavez bien la peau, grattez-la avec le dos du couteau, coupez en julienne, faites-en blanchir légèrement dans une casserole remplie d'eau bouillante, égouttez-les encore croquants. Jetez les morceaux dans une poêle avec un peu d'huile, quand ils sont ramollis, déglacer avec de la sauce de *teriyaki* (voir produits de base, p. 23).

bardane

3

Les choux (Potassium, vitamine A, vitamine C, fibres alimentaires)

Le chou blanc

À Paris, dans le restaurant de monsieur Shimono, un certain monsieur Hayashi a inventé il y a environ 30 ans une fameuse salade de chou que l'on retrouve aujourd'hui presque dans tous les restaurants asiatiques. Découpez un chou blanc en très fins filaments avec une râpe idoine, salez, sucrez, mélangez bien. Laissez dégorger pendant deux ou trois jours. Disposez dans la boîte à bentô, parsemez des graines de sésame, ajoutez un peu d'huile de sésame, une lichette de sauce de soja puis un morceau de tomate et réservez au frais.
Le chou blanc est disponible en choucroute, à acheter fraîche sur le marché ou en boutique bio. La choucroute, c'est d'abord une lacto-fermentation puissante en vitamine C, donc un parfait aliment de voyage. 50 à 100 grammes dans un repas suffisent pour satisfaire les gourmets. C'est d'ailleurs un légume qui accompagne bien la charcuterie, pratique dans les repas froids.

Le chou vert

Coupé en grosse julienne, bien blanchi, égoutté, froid ; la mastication donne, dit-on, une meilleure capacité intellectuelle. Allors, mâchons !

Le chou rouge

Lavez et blanchissez le chou entier, coupez-le en quatre, tranchez en julienne à la mandoline, salez et poivrez légèrement. Vinaigré aussi. En préparer une petite quantité à la fois.

Du chou-fleur cru ou cuit

Cru, il faut découpez les petits bouquets, pour que ce soit digeste, n'en disposez que

racine de lotus ▷

trois petits dans votre bentô. Sinon trempez-les dans du vinaigre 30 minutes. Ou faites-les cuire la vapeur pendant 10 minutes.

Le chou chinois

C'est un chou plus digeste à manger que le beau ballon vert de nos campagnes, c'est aussi une délicieuse source de fibres et de vitamines. Alors coupé comme une endive, il peut, une fois blanchi, donner des petites rondelles à tremper dans la mayonnaise ou dans la sauce de soja. Ce légume aussi est bien connu des végétariens pour toutes les vertus qu'il offre à notre santé. Le *kimuchi* (chou pimenté, très fort, à la coréenne) se trouve tout prêt en épicerie (coréenne de préférence).

kimuchi

Le brocoli

Détachez les petits bouquets, faites-les blanchir. Ne jetez plus le pied de brocoli, il suffit de se débarrasser au couteau les embranchements trop résistants ; on le fait blanchir dans de l'eau bouillante, on le laisse refroidir hors de l'eau. Coupé d'abord en deux, dans le sens de la longueur, il est ensuite débité en rondelles ou en julienne. Il se déguste avec une pointe de *wasabi* ou bien de *U©*. Mais on peut aussi en faire un ingrédient de sushi, un petit légume de wok, etc.

4

Les champignons (glucides, potassium, vitamine D, vitamine B2, fibres alimentaires)

Champignons de Paris, shiitaké ou enoki ?

Ils se préparent la veille en petite quantité, faites chauffer une poêlée avec très peu de beurre ou d'huile d'olive, ajoutez de l'ail et de l'échalote hachés, faites légèrement suer, posez les champignons, sautez 10 à 15 secondes, salez, poivrez, ajoutez une touche de sauce de soja et déglacez avec du vinaigre ou du jus d'agrume, réservez au frais. Le persil, le cerfeuil ou la ciboulette, vont très bien avec.

shiitaké ▷

LES FRUITS

Lipides, glucides, potassium, vitamine C, fibres alimentaires
Les fruits sont une composante très importante du bentô, parce qu'ils sont rafraîchissants et fixent les acides gras essentiels grâce à leurs antioxydants.

1

Les fruits frais (lipides, glucides, potassium, vitamine C, fibres alimentaires)

La pastèque
Fruit de l'été, emportez-la coupée en trapèze, en carré ou en triangle.

L'abricot
Enlevez le noyau, c'est tellement plus sympa. Il ne craint pas l'huile d'olive.

Une quetsche ou une prune, assez volumineuse, entrera peut-être dans votre boîte à bentô d'été. Essayez-les en version salée, en *ume-boshi* (voir p. 16 et 78)

Hissa utilise énormément les fruits rouges : fraises, framboises, groseilles, mais aussi myrtilles, cassis, mûres. Parce que leurs vitamines C s'accordent avec le goût du poisson cru ou cuit.

Bananes en pièce entière, sans les éplucher, c'est facile à transporter !

Le fruit de la passion protège bien ses graines. L'ananas en conserve a quelques vertus tout de même, la grenade peut éclater sur tous les ingrédients en petites quantités.

Les jus d'agrume (de citron, de citron vert, et de *yuzu* notamment), sont bons à embarquer dans la boîte, car antibactériens, antioxydants, ils préserveront la couleur des fruits coupés et de certains légumes qu'ils accompagneront. En revanche, ils amollissent la salade. Ne les juxtaposez donc pas.

Les fraises
Joliment rouges, elles désaltèrent et gardent leur fraîcheur longtemps. Essuyez-les simplement dans un torchon propre et humide, gardez-les entières.

Pommes
En compote faite maison, pour en garder l'essentiel de la texture ou le grand hit du Japon, quartiers de pomme ou poire en tête de lapin. La pomme cuite est aussi très pratique à emporter.

Orange, pamplemousse
Coupés en quartier ou en demi-quartier, ces agrumes parfument et ouvrent l'appétit.

Poires
Coupez les poires en huit et faites tremper les morceaux avec des lamelles de gingembre dans de l'*ama-zu*, le vinaigre doux. En guise de dessert, si elle n'est pas trop juteuse, coupez la poire en quartiers fins.

2

Les fruits secs (lipides, glucides, potassium, vitamine C, fibres alimentaires)

Ils n'ont que des avantages. Digestes, transportables, gorgés d'acides gras essentiels, de glucides et de magnésium, on y recourt dans les périodes d'examen, pour soutenir nos chères têtes blondes, et aussi pour nous, c'est un en-cas sans risques dans les régimes.

Noix, noisettes, pistaches, raisins secs, noix, de coco râpée, noix de cajou, de macadamia, amande, également pâte d'amande (fruits déguisés). Les pâtisseries orientales en regorgent avec le miel, et peuvent apporter au bentô une touche sucrée très mondialiste.

Fruits séchés tels que dattes, bananes, pruneaux, mangues et les indispensables abricots.

LES CONDIMENTS

1

Les tsuké-mono

Parmi les condiments, les salaisons japonaises *tsuke-mono* présentent une variété de goût et de couleurs à la fois nourrissantes et appétissantes. C'est pourquoi les restaurants traditionnels ne sauraient manquer d'en présenter dans leurs meilleurs menus.

Dans les *tsuké-mono*, on distingue principalement le *shio-zuké*, principe de macération dans le sel, le *nuka-zuké*, la fermentation par le son de riz et le *miso-zuké*, la fermentation par le miso.

Le *shio-zuké* est le principe de macération dans le sel. Le meilleur représentant de cette technique de conservation alimentaire pourrait être l'*ume-boshi* (voir produits de base, p. 16).

Pour une recette maison, choisissez des quetsches trop acides pour être mangées nature, mettez-les dans un saladier, recouvrez-les de 5% de leur poids en gros sel (gris de préférence), brassez-les bien, puis conserver-les dans un bocal. Recouvrez bien les quetsches du sel et refermez le couvercle hermétiquement. Vous pourrez commencer à les consommer au bout de trois ou quatre jours telles quelles pendant une semaine. Plus vous mettrez de sel, plus vous conserverez vos prunes salées. Avec ce principe, on peut aussi bien préparer des reines-claudes, mirabelles, mais également carottes, concombres, ail, etc.

Le *nuka-zuké*
Achetez un sac de *nuka* en épicerie spécialisée pour réaliser vous-même vos petits légumes fermentés (*tsuké-mono* en japonais). Dans un grand bol, mélangez des légumes tels que carottes, navets, radis, concombres, une fois coupés en gros morceaux, dans de la poudre de *nuka* et laissez agir, comme précédemment, trois ou quatre jours. Sortez les légumes conservés ainsi et passez-les sous l'eau, avant de les couper en assez gros morceaux.

Le *bai-niku*
Purée d'*ume-boshi*, similaire à la tapenade, elle vient se tartiner légèrement sur des légumes crus ou sur des viandes blanches pour les relever. À emporter comme assaisonnement remplaçant le sel dans une petite barquette ou des coupelles en plastique.

2

Les sels et les épices

Le *goma-shio* (« sésame-sel »)
Ce sel de base est une association géniale, à retenir et à connaître par cœur. Faites revenir du sésame noir ou blanc dans une poêle, juste ce qu'il faut, pour qu'il libère son goût de noisette. Ajoutez une poignée de gros sel de Guérande.

goma-shio ▷

Écrasez au mortier votre sel parfumé au sésame, réservez-le dans un bocal hermétique ; il se conservera encore un bon mois ou deux. Il remplace avantageusement le sel.

Le *yukari* est une poudre au goût de pérille rouge *(shiso)* servant à parfumer le riz mais aussi les spaghettis. Produit très populaire, qui porte un prénom féminin *(Yukari)*, il est acidulé et pour certains, addictif. Pour vos bentôs, il enrobe les boules de riz modelées en *o-musubi*, ou en *nigiri*.

3
Les algues ou épices de la mer

Des algues wakamé
La *wakamé* est vendue souvent conservée dans le sel. Trempez-la dans de l'eau entre trois et cinq minutes et selon le goût, dégustez-la en salade, en friture, en soupe, etc. La *wakamé* est un des secrets de beauté des Japonaises : elle est censée les faire rajeunir ! *(sic)*.

Le tartare d'algue
Tartiné en mini-toast, une source de vitamines à emporter partout. Rien n'empêche les gourmands d'en emporter un pot entier dans le sac pour le bentô.

Des *hijiki*
Ces petites algues japonaises ont relativement peu de goût à vrai dire, mais sont bonnes pour la santé, alors on les trouve presque à tous les coups dans le bentô. Trempez-les trois minutes dans l'eau pour retirer le sel marin, passez-les rapidement à l'eau bouillante, placez-en ici ou là en petite quantité dans vos boîtes, surtout si vous avez disposé une prune salée *ume-boshi*. Leur fadeur se mariera bien avec l'extrême acidité du fruit.

Le principe du *furi-kaké*
C'est la récupération des miettes de feuilles d'algue pour assaisonner un bol de riz restant. Quand il reste du riz de la veille, on peut l'arroser de petits morceaux d'algues et de divers assaisonnements pour renouveler le plaisir d'en manger ; on peut faire son propre *furi-kaké* en émiettant une feuille de *nori* coupée aux ciseaux en grands morceaux, et en mélangeant ses miettes au sel de Guérande. Au choix, on pourra ajouter dans de petits bocaux, du sésame noir, des amandes concassées et légèrement grillées, ou encore des pistaches concassées, légèrement grillées, et rehaussées du vert d'un peu de maccha pour l'amertume.
Sur cette base, essayez parmi l'infinité de subtilités possibles, d'ajouter du persil séché, de l'ortie, ou encore de l'estragon ou du curcuma. Réservez vos précieuses poudres dans de petits bocaux. Dans les magasins bio, on trouve aussi des « épices de la mer », comme par exemple le mélange trois saveurs : dulse, laitue de mer et *nori*. La saveur bretonne de ce *furi-kaké* est bien présente et accompagne les salades, les boules de riz, les soupes.

furi-kaké ▷

wakamé

hijiki

3
Condiments revisités par Hissa

Mayonnaise verte

Huile d'olive, poudre de thé vert *maccha*, jus de *yuzu*, jaune d'œuf, un peu de *U©* vert (ou moutarde verte).

Dans un grand bol, versez un jaune d'œuf, un peu de *U©* ou de moutarde verte (dans ce cas, ajoutez un peu de sel), de la poudre de thé vert, puis mélangez avec un fouet. Versez peu à peu l'huile d'olive puis le jus de *yuzu*. Selon l'usage à lequel elle est destinée, on fera varier sa densité. Le maccha conserve la mayonnaise plus longtemps.

Si vous ne pouvez pas vous en passer, emportez de petites portions de moutardes diverses, dans des caissettes en aluminium ou du ketchup, ou de la sauce japonaise industrielle pour aller avec le *tonkatsu* ou le saumon pané.

la tempura

On peut faire des beignets avec tous les légumes, et même avec des fraises !

Dans un grand bol, cassez un œuf, ajoutez 20 cl de bière ou de l'eau gazeuse. Fouettez fort, délayez enfin un peu de farine. Épluchez la racine de lotus en commençant par sa base en débitant 3 à 5 millimètres d'épaisseur. Coupez en rondelles que vous farinez, enrobez de pâte à tempura, et finalement plongez dans une friture à 180-190 °C. Égouttez sur du papier absorbant.

QUELQUES BENTÔS
DE HISSA

bentô traditionnel HI NO MARU

Ce bentô traditionnel est une image du drapeau nippon, constitué d'une couche de riz blanc et d'une prune rouge ume-boshi, figurant le soleil levant du drapeau national. Il rappelle le formidable redressement économique d'après-guerre, qui a vu toute une génération travailler d'arrache-pied, encouragé par ce message subliminal dans les gamelles. Il est vrai que pour beaucoup d'ouvriers, il n'y avait que ce frugal repas à manger à midi, au son de la sirène. D'autres, mieux lotis, avaient l'avantage d'avoir un « o-kazu», le mets d'accompagnement du riz. Aujourd'hui, les conditions et la conception du travail ont complètement changé. Les bentôs aussi.

ORGANISATION

Lancer la cuisson d'un riz blanc ou très légèrement additionné de grains de riz rouges ; pendant ce temps, faites griller au four le saumon avec sa peau, préparez l'omelette au *nori*, découpez un morceau de pastèque, sortez un abricot sec et une date.

DISPOSITION

disposez le riz sans trop le tasser dans l'étage inférieur. Placez une prune *ume-boshi* bien au centre (à défaut, une tomate-cerise) pour figurer le drapeau. Au deuxième étage, utiliser une séparation entre les protéines (saumon, omelette) et les fruits. Fermez la boîte avec son large élastique pour le transport.

bentô aux fruits BLUE NOTE

Ce bentô bien fruité allie les saveurs du bleu et les acides des fruits. Les myrtilles sont très fragiles : il faut les manger dès que possible. Elles sont très bénéfiques à la santé de nos yeux.

ORGANISATION

Lavez et coupez une endive en tronçons. Épluchez un pamplemousse et coupez-le en quartiers. Pelez des quartiers de pommes ou de poires. Coupez-en 50 g à la mandoline, sur toute leur longueur.

DISPOSITION

Disposez un lit d'endives dans le fond du premier étage. À gauche, les fruits: pamplemousse, myrtilles, quartiers de poires et de pommes. À droite, roquefort et carottes en éventail. Versez par-dessus un filet d'huile d'olive. Ajoutez une fleur de capucine. Dans la section inférieure, disposez du pain de mie tartiné de condiments. Terminez en déposant les myrtilles.

bentô manga
NARUTO

Qu'est-ce que signifie « Naruto », finalement ? À l'origine, c'est le nom des tourbillons marins au large des petits archipels reliant l'île principale de Honshu et l'île de Shikoku, un phénomène maritime assez spectaculaire de la préfecture de Tokushima. Par homonymie, les Japonais ont nommé « Naruto » un surimi en forme d'étoile dont les couleurs rose et blanc alternent en spirales et que l'on fait flotter à la surface des très populaires soupes de nouilles râmen. Enfin, tous les jeunes d'aujourd'hui ou presque le savent, c'est le nom du personnage principal de Kishimoto Masashi, l'auteur du manga Naruto, best-seller mondial. Le pauvre garçon possède un don et une malédiction qu'il va tenter, tome après tome, de surpasser et d'accepter. Ici, le naruto est l'image que les nouilles tournées en spirale évoque au chef Hissa. Et ça fait plaisir aux garçons..

ORGANISATION

Le matin, dans une casserole d'eau bouillante, plongez 100 g ou une bonne poignée de nouilles de blé *(udon)* par personne, et faites-les cuire. Au bout de 4 min, ajoutez 50 g de nouilles de sarrasin au thé vert *(cha-soba)* à cuire « al dente ». Égouttez les pâtes et rincez-les complètement à l'eau froide.

DISPOSITION

Entortillez une petite poignée de nouilles pour fabriquer des nids. Saupoudrez de fines herbes, de nori et de tomates. Versez un filet d'huile d'olive, en deux ou trois lacets. Assaisonnez d'un peu de piment si vous aimez, et le moment venu, sortez la sauce de soja au *yuzu*, elle se marie très bien avec les pâtes au maccha.

bentô théâtre NÔ

Hissa a une âme bucolique. Dans ses compositions, il imagine des paysages de montagne avec leur vallée, leurs champs et leur rivière. La vivacité des couleurs semble danser comme une fête de village

ORGANISATION

Faites cuire du riz blanc et rouge de Camargue. Il faudra le modeler en forme de tonnelet ou de botte de foin. Faites griller du saumon avec la peau, préparez un poulet frit *tatsuta-age*. Dans une casserole pleine d'eau portée à ébullition, faites cuire les pommes de terre Vitelotte, les choux de Bruxelles, les navets dorés et les navets blancs. Coupez le radis à chair rouge *(redmeat)* en médaillon à la mandoline; enfin, lavez du cresson et de la trévise.

DISPOSITION

Formez une dizaine de tonnelets de riz avec un moule approprié ou à la main. Placez le saumon en fond, disposez une rivière de légumes. Posez une tranche de citron vert pour accompagner le saumon.

bentô surprise
CHIRASHI

Chirasu signifie « éparpiller ». Le chirashi est un sushi, un riz blanc recouvert d'ingrédients ou de viande cuisinés « éparpillés » sur le dessus. Aux époques de rigueur obligatoire, ou par discrétion et pour éviter les médisances, certains Japonais cachaient les ingrédients riches et goûteux sous une couche de légumes rustiques ne payant pas de mine. Si l'on regardait le bentô, il semblait tout à fait anodin. Dis-moi ce que tu manges, et je te dirais qui tu es.

ORGANISATION

Cuisez environ 150 g de riz par personne. Blanchissez une racine de lotus découpée en rondelles. Coupez des betteraves cuites en bâtonnets et du saumon cru en petits morceaux. Coupez trois petites tomates en demi-quartiers. Coupez une pomme et ses quartiers en lapins), préparez *hijiki* et *wakamé*, les œufs de saumon, le cassis et les groseilles.

DISPOSITION

Sur une couche de riz disposée au fond de la boîte, parsemez en les éparpillant les morceaux de saumon, le *wakamé* et les *hijiki*, puis les tomates, les groseilles et le cassis, la racine de lotus, la betterave et les pommes. Ajoutez un peu de gingembre et arrosez d'un filet d'huile d'olive.

bentô omega
BAMBOU

Une boîte de sardines ou de maquereaux - une pièce d'endive - quelques cerneaux de noix - une baguette de pain ou du riz blanc - une orange coupée en quartiers

ORGANISATION

Trouvez un joli récipient naturel, tel un bambou fendu en deux, une feuille du même arbre, de bananier ou autre selon vos possibilités ! Choisissez une conserve de produits de la mer (ici une boîte de sardines), du pain de mie, une carotte, des feuilles d'artichaut, un demi-œuf dur, une fraise.

DISPOSITION

Séparez les ingrédients sans les superposer. Prévoyez des petites serviettes en papier pour l'ouverture de la boîte de sardines.

LA COMPAGNIE BRETONNE DU POISSON
Port de Saint Guénolé
FILETS DE MAQUEREAUX
marinés au Muscadet

bentô monochrome IRO-IRO

Les couleurs jouent un rôle important dans la recherche de notre bien-être. On maîtrise leurs effets sur notre psychologie et notre santé, on connaît moins leur apport énergétique. Qu'importe si, d'instinct, on trouve beau notre bentô, c'est sûr alors qu'il nous fera du bien. L'idée de faire un repas d'ingrédients d'une seule couleur est une belle et bonne idée.

ORGANISATION

Pour rester dans la même couleur, faites bien vos courses au marché en fonction de votre envie du moment. Sur la photo, on présente des bols en céramiques, certes peu pratiques pour le pique-nique... Pour le transport, préférez les bols en plastique super-ingénieux, doublés de polystyrène gardant bien la température et très légers à emporter. Préparez des riz cuits et colorés (voir p. 28) pour tapisser le fond des bols.

DISPOSITION

Domburi rouge : Ajoutez sur le riz rouge, des betteraves crues râpées, des fraises coupées en deux, de la tomate coupée en demi-croissants, des groseilles et des framboises, de la carotte rouge crue, du chou fleur violet et rouge blanchi.

Domburi orange : Sur du riz blanc, disposez une première couche de melon et d'abricot. Déposez ensuite des rondelles de carottes, ajoutez les quartiers de tomates et enfin l'orange pelée et coupée en rondelles. Pressez une orange, versez le jus sur le *domburi* et ajoutez un trait d'huile d'olive.

Domburi blanc : Au fond du bol, disposez des *udons*, cuits à l'eau 5 min. Préparez une tempura d'aubergine blanche, de racine de lotus, de poivron blanc et de banane. Assaisonnez, de préférence, avec la sauce soja au *yuzu*.

Domburi vert : Préparez le riz. Faites blanchir le pied et les bouquets de broccoli et coupez ensuite en julienne le pied. Préparez les *eda-mame* et décortiquez. Épluchez le kiwi et coupez-le en médaillon. Coupez la poire en forme de lapin. Disposez une ration de riz blanc, posez une julienne de salade verte sur le dessus, quelques bouquets de brocoli, éventuellement du *wakamé*, quelques haricots d'*eda-mame*, la poire et le kiwi.

bentô pour les amis
HISAYUKI

Le prénom Hisayuki signifie « longévité et bonheur ». Forcément prédestiné, le meilleur usage de ce prénom n'est-il-pas de l'attribuer à la cuisine du partage...

ORGANISATION

Partagez le travail avec les amis et répartissez-vous la tâche. Préparez d'abord le poulet *kara-age*, puis la tempura d'aubergine. Modelez le nombre de *musubi* voulu par personne. Personnalisez-en certains avec du sésame noir ou du *furi-kaké*, enveloppez-en d'autres avec une feuille d'algue *nori*. Prévoyez du citron pour acidifier le poulet le moment venu.

DISPOSITION

Dans une grande boîte en plastique, disposez des feuilles de céleri. Placez, au fond, les cuisses de poulet, puis les *o-nigiri*, et à gauche les brochettes, la tempura d'aubergine. Regroupez enfin les fruits dans la partie restée libre. En deuxième couche, posez les œufs, un brin de menthe et les *tsuké-mono*.

bentô monsieur et madame nigiri
O-MUSUBI

Les tout-petits raffoleront de ce design s'il révèle à l'ouverture des salades appétissantes. À modeler à la main ou avec le système ingénieux d'emballage dans l'algue nori.

ORGANISATION

Cuisez le riz et séparez-le en deux. D'un côté un riz blanc, de l'autre un peu de betterave râpée crue pour un riz rouge. Hachez le jambon. Faites des *onigri* avec le jambon à l'intérieur. Coupez joliment des petits bâtonnets de betteraves cuites, ajoutez des cassis et des groseilles pour dessiner la tête bien souriante, coupez les tomates en dés, un peu de chou blanc en grosse julienne avec *ume-boshi*. Pour faire simple et efficace, formez des cœurs de riz au jambon avec les moules adéquats.

DISPOSITION

Mettez le *onigri* dans le moule ; votre salade dans une boîte triangle et le mélange betterave, chou blanc, prune et un peu de tomate dans l'autre.

bentô pour les examens PORTE-BONHEUR

Pour ne rien laisser au hasard.

ORGANISATION

Disposez de 100 g de riz froid, des œufs brouillés, 50 g de saumon cuit au four ou à la vapeur, 2 croquettes, 1/4 de concombre, un peu de brocoli, chou fleur, radis, groseilles, citron.

Les croquettes : Épluchez 300 g de pommes de terre, cuisez-les à l'eau, puis glissez-les au four pour chasser l'humidité. Écrasez ensuite les pommes de terre encore chaudes. Réservez. Mélangez la viande avec les pommes de terre écrasées, ajoutez un jaune d'œuf. Façonnez des boulettes rondes à la main, farinez-les, puis roulez-les dans un œuf battu et terminez par le *panko*. Cuisez-les dans un peu d'huile à 180-190°C

DISPOSITION

Dans une boîte à deux étages, étalez une couche de riz au fond de la première boîte, et recouvrez-la moitié-moitié d'une couche d'œufs brouillés et d'une couche de miettes de saumon cuit. Dans le deuxième étage, disposez deux croquettes, des bâtonnets de concombre au centre, assaisonnés de *goma-shio*, des choux-fleurs cuits ou crus, quelques radis. Ajoutez toujours les fruits en dernier : un quartier de citron, une grappe de groseille.

bentô club sandwich
KATSU-SANDO

Katsu-sando est l'abréviation de bîfu-katsu sandoittchi

ORGANISATION
grillez le pain de mie, lavez la salade, coupez les carottes crues en sticks, et enfin préparez le rumsteck pané *(bîfu katsu)*

DISPOSITION
Sur le pain de mie grillé, posez une feuille de salade, assaisonnez de ketchup si le cœur vous en dit. Posez le rumsteck entier, encore un peu de ketchup, de nouveau de la salade, puis refermer le sandwich avec du pain de mie. Coupez le sandwich en 3 et disposez-le dans une jolie boîte. À la place du ketchup, utilisez de la sauce de soja.

bentô détox
YUZU

Le konnyaku et le yuzu sont deux ingrédients très répandus au Japon mais encore mal connus dans nos contrées. Le konnyaku donne une impression de satiété qui permet de manger des repas moyennement copieux, et le yuzu remet en forme, avec ses vitamines et son goût euphorisant. Associés, ces deux produits emblématiques apportent une véritable sensation de bien-être.

ORGANISATION
Coupez la mangue et les avocats en dés. Lavez les endives et coupez-les en deux, puis émincez-les en julienne. Coupez le *konnyaku* en tranches de 3 mm d'épaisseur, fendez les tranches avec un couteau au milieu, faites passer une extrémité à l'intérieur pour obtenir une forme amusante. Râpez du radis.

DISPOSITION
Dans les compartiments, répartissez les ingrédients sans les mélanger ; sur le *konnyaku*, posez du *miso* au *yuzu*. Arrosez de jus de *yuzu* la mangue, l'avocat et l'endive. Ajoutez de la grenade.

bentô pour les enfants POISSON-CHAT

Voici une autre proposition pour remplir cette fameuse boîte en forme de poisson que l'on a déjà vue ici ou là. Hissa a dessiné deux chats sur chacun des deux étages, un sucré et un tout blanc, très simple, car les enfants n'aiment pas que les goûts soient trop complexes.

ORGANISATION

Coupez des tranches fines de brioche. Réunissez une boîte de purée de haricot rouge *(azuki)*, un abricot, deux grains de cassis, une feuille de carotte, une baie de groseille. Pour le chat blanc, du riz blanc et trois haricots verts, du sésame noir ; un peu de nori découpé, de l'abricot, un radis.

DISPOSITION

Laissez parler votre imagination ou suivez la disposition des éléments à la façon de Hissa. Vous pourrez vous inspirer de milliers d'exemples différents sur internet en faisant une recherche par image de bentô. Les concours sont de plus en plus fréquemment organisés autour de ce *Kara-ben*, abréviation de *character bentô*. C'est un témoignage de tendresse toujours très apprécié par celui qui le mange !

bentô nourrissant SUD-OUEST

Profitons des produits locaux lors de nos virées en pique-nique. De même, pour rentrer à Paris, profitons une dernière fois des bonnes nourritures trouvées au marché.

ORGANISATION

Faites cuire un riz blanc ou disposez d'un mariage de riz et de maïs, piment d'Espelette, magret de canard, fromage de brebis, chou-fleur violet, salade et abricot. Préparez du riz pour le nombre de personnes souhaité, faites cuire pendant ce temps le maïs, coupez du pain de mie grillé, faites sauter le magret de canard bien rosé, tranchez-le à 2 mm d'épaisseur et coupez le fromage.

DISPOSITION

Au fond de la boîte, disposez le riz, puis parsemez le maïs, un soupçon de piment d'Espelette. Dans une autre boîte, disposez le pain, la salade, le magret de canard tranché, le fromage de brebis, l'abricot et le chou fleur violet.

bentô à la française
NORMANDIE

ORGANISATION

Évidez la pomme, gardez la peau et enveloppez-la d'aluminium. Mettez une noix de beurre, ajoutez des fruits rouges et glissez au four à 200 °C pendant 15 min. Préparez le pain de mie bien grillé, le jambon fumé et tranché : sur la photo le chef utilise du *wagyu*. Coupez un Pont-Lévêque ou un camembert, quelques quartiers de tomate et quelques feuilles de salade.

DISPOSITION

La pomme cuite dans la boîte, disposez le pain de mie, la salade au fond, puis mettez le fromage, la charcuterie et la tomate en dernier.

bentô simplissime
DRAGON BALL

Il n'y a pas plus basique pour récupérer un excédent de riz de la veille. Modelez des boules de riz pour créer un nouvel appétit. C'est la forme qui donne le goût. On peut aussi faire participer les enfants à cette préparation simplissime.

ORGANISATION

Disposez de riz aux cinq éléments (voir p. 28). Formez des boules régulières entre vos doigts légèrement humides. Versez différents *furi-kaké* dans des assiettes et rouler les boules de riz dedans.

DISPOSITION

Une vieille légende raconte que si on réunit sept boules de cristal, numérotées par des étoiles et réparties de part le monde, on peut invoquer un dragon qui réalisera les vœux. Ce bentô suffit à nourrir deux adultes. Ajoutez fraises et cornichons qui restaient au frigo. On peut évidemment disposer d'autres fruits.

bentô sans gluten
LE SPÉCIAL

Le bentô peut bien sûr s'adapter à tous les régimes. Pour ceux qui ont une allergie au gluten ou une intolérance, il est possible de préparer un repas froid avec des ingrédients appropriés qui pourront être partagés par tous.

ORGANISATION

Préparer un bloc de saumon pané avec une chapelure augmentée de poudre de pistache et d'amande. Faites cuire les pâtes, égouttez-les et ajoutez de la ciboule hachée. Pensez aussi au persil.

DISPOSITION

D'un côté, posez les nouilles de sarrasin, de l'autre coté, un quartier de melon, le saumon pané posé sur une feuille de salade, un quartier d'orange. Disposez deux petites tomates de couleur.

京都宇治抹茶
純米使用
抹茶
井村

bentô basique
MIX-SANDO

Ce petit sandwich made in Japan est totalement craquant. La seule difficulté, trouver du pain de mie japonais (plus épais et mou que le pain de mie traditionnel). À défaut, le pain blanc anglais ou américain fera très bien l'affaire.

ORGANISATION
Préparez des œufs durs pas trop cuits. Écalez-les, coupez-les en médaillons et mélangez-les dans un bol. Préparez un mélange de beurre et de moutarde de Dijon. Émincez un concombre ou un cornichon et faites-le macérer dans le sel (*shio momi* de concombre).

DISPOSITION
Sur deux tranches de pain de mie, étalez le mélange beurre/ moutarde et un peu de mayonnaise. Ajoutez les feuilles de laitue, le mélange œufs durs écrasés grossièrement et l'émincé de concombres, refermez le sandwich et coupez-le en 4.

bentô familial
FLEUR DE HANA-MI

C'est un repas familial concocté tout spécialement pour l'éclosion merveilleuse des cerisiers en fleurs. Sakura, sakura... Dans ce joli vocable signifiant « cerisier » se cache encore un jeu de mot. Sa-Kura serait peut-être le siège des Kami-sama, les dieux du Japon d'autrefois. C'est pour partager avec eux le saké - boisson des Dieux - que les jeunes Japonais se saoulent en groupe, accompagnés de leur sono, sous ces arbres roses et blancs. Et si on apprenait à vénérer le printemps sans ivrognerie sous la pluie de pétales évanescents ?

ORGANISATION

Faites réchauffer les *takoyaki* surgelés pour qu'ils soient très chauds puis laissez-les refroidir avant de les placer dans la boîte. Parsemez de *furi-kaké*. Un peu de sauce de soja selon votre goût. Coupez en deux le *dorayaki*.

DISPOSITION

L'idée, c'est de disposer dans une boîte des *takoyaki* pour y piocher en cas de petit creux et de disposer, en cas de plus gros appétit, de *dorayaki* et de quelques fruits rouges en guise de dessert.

bentô avion
SORA-BEN

Avec les temps de crise, les compagnies aériennes japonaises ont supprimé les menus sur les vols de leurs lignes intérieures. Les passagers affamés doivent alors acheter un bentô à l'aéroport, mais ce repas doit répondre à plusieurs critères précis : il doit être petit, pas trop cher et ne pas être dérangeant pour les passagers avec une odeur trop forte ou avec des ingrédients allergènes. Enfin, il ne doit pas être trop salissant. Voici la proposition de Hissa pour préparer son bentô spécial voyage en avion.

DISPOSITION

Préparez un riz coloré à la betterave. Parsemez de *furi-kaké* d'épices de la mer. Sur un filet de maquereau, disposez plusieurs pincées de gros sel, faites-le griller et sortez-le. Tranchez-le en trois morceaux réguliers; ajoutez quelques cerises, versez dessus un peu d'huile d'olive. Terminez avec une tomate coupée en dés.

bentô végétarien TOUT LÉGUMES

Pour composer ce repas végétarien, on roule concombre, carotte, champignon shiitaké, hijiki dans une enveloppe de nori agrémentée de oboro-kombu. En fait, tout ce qui reste dans le réfrigérateur comme légumes peut être présenté ainsi dans le bentô du lendemain.

ORGANISATION

Préparez un riz à sushi. Préparer les *hijiki*. Faites cuire des carottes al dente, qu'elles aient une bonne consistance pour les couper en bâtonnets. Coupez des *shiitakés*, faites-les sauter avec des *hijiki*, assaisonnez de sauce de soja.

DISPOSITION

Sur la natte, déployez soigneusement une feuille de *oboro-kombu*, étalez une couche de riz blanc vinaigré dessus en laissant un tiers de surface d'algue sans rien. Posez une feuille de nori sur l'ensemble, un peu de *U©*, puis les bâtonnets de concombre, de carottes et les *hijiki*.

bentô tgv
SHINKANSEN

Le premier eki-ben (abv. de eki-bentô) apparaît précisément le 16 juillet 1885 à la gare de Utsu-no-miya, dans la préfecture de Tochigi. C'est dire si le repas du train est important pour les Japonais qui n'adorent rien moins que le côté pratique pour aller faire des excursions à travers leur archipel adoré. À partir de 1993, ils ont même institué la fête spéciale du « repas du train » tous les 10 avril ! On peut, pour un prix modique, descendre de Tokyo à Kyûshû en Shinkansen, train plus rapide et plus stable que le TGV. N'oublions pas de préparer un bentô roboratif pour ne pas avoir à l'acheter en route.

ORGANISATION

On peut utiliser une boîte à bentô rectangulaire pour réaliser des *hako-zushi*, ou « sushi-boîte », en posant d'abord du *nori* de la taille du fond de la boîte, en la découpant aux ciseaux. Posez une couche de riz blanc d'1,5 cm environ. Nappez de tartare d'algue et remettez du riz sur 1,5 cm, humectez vos mains légèrement et aplatissez le riz avec vos mains, en le tassant bien. Renversez la boîte et avec un grand couteau bien effilé, coupez 4 bandes de 5 cm.

DISPOSITION

Redisposez les tranches de sushi au tartare dans la boîte, coupez le kiwi en forme de lune en gardant la peau pour protéger le fruit pendant le voyage. Faites blanchir les *eda-mame* ou utilisez-les directement préparés. Rajoutez de la groseille, un abricot ou tout fruit rafraîchissant qui pourrait vous faire plaisir durant ce long voyage.

bentô du gourmet TEMPURA

ORGANISATION

Dans l'ordre, cuisez le riz, puis des algues *hijiki*, faites griller le saumon et frire la tempura en dernier. Recette de la tempura (voir p. 84).

DISPOSITION

Dans une boîte compartimentée à deux étages, Hissa dispose des tempuras de rondellee de racine de lotus, deux feuilles d'artichaut et une fleur de courgette (ou un reste de légume qui est dans votre réfrigérateur). Au premier étage, il dispose le riz dans la plus grande moitié et dans les deux petites loges, du saumon grillé et salé, un quartier de citron d'une part, des algues *hijiki* et un soupçon de tôfu frit d'autre part. Le riz est parsemé de *yukari*, le blanc de l'œil est en *kamaboko* et les cils en algues *hijiki*. Un radis vinaigré fait le nez, une groseille et un cassis pour les yeux, la betterave dessine un sourire.

bentô des gaki
MAKI

Trois enfants nippons ouvrant de gros yeux et une bouche immense devant un yuzu: ce sont précisément des « gaki », des démons turbulents et voraces, figures populaires issues du folklore nippon. Avec ce bentô de maki, nos petits démons devraient se tenir sages.

ORGANISATION
Confection de *maki* (rouleaux) *pikapika* et *dondon*. Il s'agit d'enrouler dans une feuille de nori du riz à sushi et un tartare de poisson, ou des légumes cuits, et de couronner les huit morceaux coupés d'une purée de framboises, d'avocat ou de mangue.

DISPOSITION
Il existe des barquettes en plastique pour disposer le maki une fois coupé en huit. Ici, on a placé deux *maki* aux carottes, avec trois *dondon* et trois *pikapika*.

と言って
起こされ!
眠気が
一気に
吹っ飛ぶ。
ご飯を食べ

bentô maison kaiseki CROQUIS

Ce bentô, à vrai dire, est d'une rare sophistication. Au Japon, il est servi dans d'authentiques boîtes en laque, avec des assiettes en céramique, ce qui ne le rend pas très pratique en déplacement. En 2008, pour le showroom Toyota des Champs-Élysées, Hissa réadapte le concept et imagine de belles boîtes légères et colorées. Voici aujourd'hui sa nouvelle interprétation d'un des bentô de la Maison Kaiseki. À commander ou à se faire livrer à la maison ou au travail !

ORGANISATION

Avec une bonne lame, ouvrez une coquille saint-jacques en ôtant les barbes et en tranchant la noix en deux. Ajoutez un filet de jus de yuzu et de fruit de la passion pour parfumer. Préparez un maki tartiné de purée de mangue, d'avocat et de framboise. Préparez un *nigiri* de thon, de saumon, de poisson blanc et crevette avec salade et légumes de saison.

DISPOSITION

Le *furo-shiki*. Fermez la boîte. Posez-la perpendiculairement au centre d'un carré de tissu, ou *furo-shiki*. Avec deux pointes opposées, nouez un double nœud. Relevez les deux pointes restantes en pliant bien le tissu à l'intérieur. Nouez une fois, puis avec les oreilles, formez une jolie fermeture. À la place d'un sac plastique, cette solution simple et économique vous permet d'emporter également n'importe quel objet d'une façon pratique et élégante. Parfois mieux qu'un filet à provision!

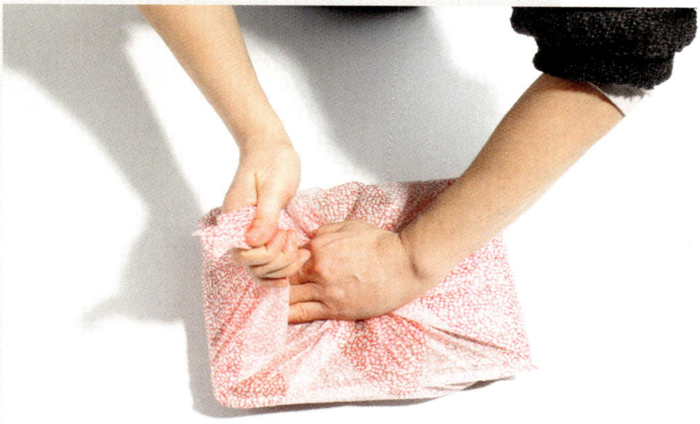

REMERCIEMENTS

Le chef Takeuchi Hisayuki tient à remercier

Agnès Viénot, pour tout,
Roland Rigault, maraîcher de qualité, pour ses magnifiques légumes ;
Henri Courtois, Algues service, pour ses algues bretonnes ;
Philippe Chansigaud, Gratte-Semelle, pour sa belle huile d'olive
La compagnie bretonne du poisson, pour ses conserves et son savoir-faire ;
Okamoto Shigehiko et kimonoya.fr pour les boîtes à bentô,
Carlos pour son *wayu* de Burgos.

Enfin, Hissa remercie tous les chefs cuisiniers qui ont adopté
la Nouvelle Cuisine Japonaise.

**Elisabeth Paul-Takeuchi exprime
toute sa gratitude pour leur aide efficace à**

Agnès Viénot,
Delphine Leprêtre
Philippe Sprang,
Madubalu et Gwenola,
Noémie et Célina
Patrick Aufauvre

http://www.twitter.com/paultakeuchi

ADRESSES

La société kaiseki.com importe les produits du Japon, les accessoires et les outils pour fabriquer des bentôs.

Vente en direct à son enseigne
Maison Kaiseki, 7 rue André Lefebvre, 75015 PARIS

http://www.kaiseki.com

Boutique en ligne
http://www.kaiseki.com/boutique

Par téléphone
01 45 54 78 38 - 01 45 54 48 60